gato

chat

conejo

lapin

perro

chien

pollito

poussin

pato
canard

oveja

mouton

cabra

chèvre

cerdo

cochon

burro

âne

caballo

cheval

vaca

vache

ratón

souris

murciélago

chauve-souris

abeja

abeille

araña

araignée

zorro

renard

ciervo

cerf

ardilla

écureuil

erizo

hérisson

búho

hibou

rana

grenouille

serpiente
serpent

mapache

raton laveur

loro

perroquet

tucán

toucan

caimán

alligator

tortuga marina

tortue de mer

flamenco

flamant rose

pingüino

pingouin

cangrejo

crabe

medusa

méduse

foca
phoque

tiburón

requin

ballena

baleine

orca

orque

estrella de mar
étoile de mer

rinoceronte

rhinocéros

panda

panda

mono

singe

león

lion

tigre

tigre

elefante

éléphant